Nuevos muñecos y adornos de tela

23 proyectos explicados paso a paso con sus patrones para decorar las distintas habitaciones de la casa

Heike Roland y Stefanie Thomas

Índice

Introducción 3

EL RECIBIDOR
Muñeca de bienvenida 6
Cesto para las mantas 8
Zapatillas de estar en casa 10
Jirafa para macetas 12

LA COCINA/EL COMEDOR
Bolso con aplicaciones de flores 16
Mantel con corazones 18
Gallinas decorativas 20
La vaquita Elsa 22
El cocinero Gustavo 24
Ribete para la estantería 26

EL CUARTO DE ESTAR
Cómodo cojín para sentarse 30
Manta de patchwork 32
Cojín para el sofá 34
Una veloz mariposa 36
La florista Melisa 38
El cerdito Federico 40
Guirnalda de luces con flores 42
Guirnalda de banderines 44

EL DORMITORIO/EL CUARTO DE BAÑO
Muñecos para el cuarto de baño 48
Alfombrilla marítima para el cuarto de baño .. 50
Románticos saquitos de lavanda 52
Ranita para la bolsa de agua caliente 54
Muñeco dormilón 56

TÉCNICAS 58

PUNTOS DE COSTURA 62

LAS AUTORAS Y CRÉDITOS 64

Adornar las habitaciones de la casa con originales muñecos de tela

Déjate inspirar: hemos creado muñecos y adornos de tela para cada habitación de la casa, para hacer más bonito tu hogar.

Tu casa te invita a que te sientas acogido en ella: nada más llegar a tu hogar, cálzate las cómodas zapatillas que te esperan en el pasillo, mientras una dulce muñeca te da la bienvenida. En la cocina, un alegre cocinero agita la cuchara, dispuesto a servirte la comida.

En el salón, unos cómodos cojines y una suave manta te invitan a disfrutar de tus horas de relax, y un ramillete de flores luminosas sumerge tu dormitorio en una agradable luz.

En el cuarto de baño se te unirán dos simpáticos muñecos mientras disfrutas de un baño. Y después, en el dormitorio, donde te aguarda una graciosa ranita con una bolsa de agua caliente en la barriga.

¡Que te diviertas mucho decorando tu casa!

El recibidor

El recibidor es la insignia de cada casa. En él se da la bienvenida a los invitados, a los amigos y a la familia. Qué bonito queda cuando este espacio está decorado con acogedores detalles personificados. Así, todos se sienten como en su propia casa desde el primer momento.

- ◆ Muñeca de bienvenida
- ◆ Cesto para las mantas
- ◆ Zapatillas de estar en casa
- ◆ Jirafa para macetas

Muñeca de bienvenida

→ Un cordial recibimiento

TAMAÑO
42 cm aprox.

MATERIALES
- Tela de algodón de color carne, 30 cm
- Tela de algodón a rayas rosas y blancas, 20 cm
- Tela de algodón rosa con motas blancas, 10 cm
- Tela de algodón blanca, 20 cm
- 2 puntillas blancas, de 2,5 cm de ancho y 32 cm de largo
- Hebras de cabello de muñecos en marrón oscuro, de 14 x 25 cm
- 4 cintas de satén de color albaricoque, de 4 mm de ancho y 25 cm de largo
- Cuentas de rocalla de colores blanco, rosa y rojo
- Hilo de nailon de 30 cm aprox.
- Hilo de bordar negro
- Algodón de relleno
- Lápiz rojo
- Pegamento textil

PLIEGO DEL PATRÓN A (NEGRO)

Cuerpo

1 Cortar todas las piezas siguiendo el patrón. Aplicar pegamento textil en el borde de la pieza de la nariz y dejar secar. Después, coser juntos cada par de orejas derecho con derecho, dejar abierto el lado recto y darles la vuelta; doblarlas por el medio y fijarlas con un par de puntadas.

2 Coser cada dos piezas para los brazos derecho con derecho sin cerrar la abertura y dar la vuelta a los brazos a través de ella. Coser a pespunte las dos piezas de la cabeza-cuerpo derecho con derecho. Colocar las orejas insertándolas en las zonas marcadas entre las dos piezas de la cabeza. Tener cuidado de que el pabellón de la oreja señale en la dirección correcta. Dejar el cuerpo abierto por la parte inferior y dar la vuelta por dicha abertura. Después, coser derecho con derecho las piernas hasta la abertura y darles la vuelta.

3 Rellenar todas las piezas con algodón de relleno. Doblar hacia dentro el margen de costura del cuerpo, colocar las piernas dentro del cuerpo y cerrar la abertura con un pespunte que abarque las piernas. Cerrar los brazos con punto oculto y coserlos en el cuerpo a la vez que se fija un hilo resistente en la parte interior de uno de los brazos. Pasar una aguja larga primero a través del brazo hacia la parte exterior, y después a través del brazo y del cuerpo. A continuación, pasar la aguja a través del segundo brazo desde la parte interior hacia la exterior y volver a pinchar la aguja desde el exterior atravesando el brazo y el cuerpo. Tirar bien del hilo para apretar un poco los hombros.

4 Bordar los rasgos de la cara siguiendo la fotografía. Fruncir la nariz a lo largo de la zona marcada, rellenarla ligeramente con un poco de algodón de relleno y coserla con punto oculto sobre la cara. Después, fijar el pelo en la cabeza con un par de puntadas y atar a las coletas unos lazos hechos con las cintas de satén. Por último, pintar las mejillas con un lápiz rojo.

Vestido

1 Cortar las piezas según el patrón. Para la blusa, rematar o sobrehilar primero el margen de costura del volante de las mangas por uno de los cantos longitudinales, plegar hacia dentro y coser a pespunte. Fruncir el segundo canto longitudinal del volante según el ancho del canto de la manga. Insertar el volante derecho con derecho en el canto inferior de la manga y coserlo. Fruncir el canto superior de la pieza inferior de la blusa adaptándolo al ancho de la pieza superior. Unir derecho con derecho las piezas superior e inferior de la blusa y pespuntear. Colocar el margen de costura dentro de la pieza superior de la blusa y coserlo a pespunte.

2 Coser las dos piezas traseras derecho con derecho en los hombros sobre la pieza delantera. Cerrar la costura de los hombros en las vistas también derecho con derecho. Coser las vistas derecho con derecho sobre el canto del cuello, colocarlas hacia el interior y pespuntear muy ajustado al canto. Insertar las mangas derecho con derecho dentro del corte de la sisa. Cerrar derecho con derecho las costuras de las mangas y de los lados. Rematar el dobladillo inferior de la blusa, doblar el margen de costura hacia dentro y coser a pespunte.

3 Para los pantalones, rematar los cantos en los dobladillos superior e inferior, colocar hacia dentro el margen de costura y pespuntear. Coser juntas derecho con derecho cada par de piezas del pantalón por las costuras laterales. Dar la vuelta a una pernera del pantalón y deslizarla así dentro de la otra pernera, de modo que las costuras centrales del pantalón queden superpuestas una sobre la otra. Cerrar las costuras y dar la vuelta al pantalón. Ponérselo a la muñeca y fijarlo a ésta con varias puntadas.

4 La falda se confecciona plegando primero hacia dentro el margen de costura de las dos piezas por el dobladillo superior. Fruncir luego los dos volantes por el borde superior, adaptándolos al ancho del canto inferior de las piezas de la falda; insertarlos derecho con derecho sobre las piezas de la falda. Coser. Colocar el margen de costura hacia arriba y pespuntearlo en la pieza de la falda. Poner ahora las dos piezas de la falda derecho con derecho y cerrar las costuras laterales. Dar la vuelta a la falda y deslizarla por encima de los pantalones.

5 Vestir a la muñeca con la blusa, plegar hacia dentro el margen de costura central de la pieza trasera y, por último, cerrar la costura central con punto oculto.

6 Para confeccionar los zapatos, coser derecho con derecho la vista o pieza de refuerzo sobre el canto superior del zapato, colocarla hacia dentro y hacer un pespunte muy ajustado al canto. Unir derecho con derecho los zapatos por el pliegue del tejido y pespuntear las costuras inferior y delantera. Dar la vuelta a los zapatos y anudar en cada uno una lazada con las cintas de satén.

7 Para hacer el collar, ensartar en un hilo de nailon de unos 30 cm de largo unas cuentas de rocalla y ponérselo a la muñeca en el cuello.

Cesto para las mantas
→ Forro de tela para un cesto

TAMAÑO
Cesto 20 x 31 x 31 cm

MATERIALES
- Tela de algodón blanca con flores azules, 55 cm
- Tela de algodón azul con círculos blancos, 14 cm
- Ribete con pompones de color blanco, 126 cm
- Cesto de mimbre, 20 x 31 x 31 cm

1 Cortar un cuadrado de 33 x 33 cm (incluido 1 cm de margen de costura) para la base del forro, una tira de 126 x 22 cm (incluido 1 cm de margen de costura) para la pieza lateral, y una tira de 126 x 14 cm (incluido 1 cm de margen de costura) para el borde superior.

2 Unir la tira lateral a lo largo revés con revés (la cara del derecho queda hacia fuera) y planchar los cantos. Coser junto el lado longitudinal por dentro del margen de costura para que no se deslice la tela. Pespuntear el ribete con pompones sobre el canto planchado de forma que queden colgando por el exterior. Coser derecho con derecho la tira del canto superior por el lado longitudinal. Coser el margen de costura en la dirección de la tira lateral del forro y pespuntear muy ajustado al canto.

3 Coser derecho con derecho la tira lateral alrededor del cuadrado de la base y pespuntear igualmente derecho con derecho el canto lateral abierto. Colocar el forro dentro del cesto y finalizar plegando hacia fuera la tira de tela del borde, por encima del canto superior del cesto.

Consejo

Si se quiere forrar un cesto de otro tamaño, proceder del modo siguiente: medir la base del cesto y cortar la tela a ese tamaño más 1 cm de margen de costura alrededor. Para la tira lateral del forro se necesita la medida del contorno del cesto y su altura. Con estas dos medidas (+1 cm de margen de costura alrededor) se obtiene el tamaño de la cara lateral del cesto. La tira del borde superior tiene la misma longitud que la tira lateral. Se puede elegir según cada uno prefiera la altura de la tira del borde. Lo recomendable es una medida de aproximadamente $^{1}/_{3}$ de la altura del cesto (+ 1 cm de margen de costura por arriba y por abajo). Coser el cesto como se describe en los pasos anteriores.

Zapatillas de estar en casa

→ Cómodas y decorativas

TAMAÑO
37-39

MATERIALES
- Tela de algodón estampada blanca o blanca y rosa, 15 cm
- Tela de algodón estampada blanca y rosa o blanca, rosa y roja, 20 cm
- Cinta roja o rosa al bies para ribetes moteada, 1,65 m
- Entretela con volumen H 630 termoadhesiva, de 100 cm de ancho y 20 cm de largo
- Vliesofix, papel termoadhesivo de doble cara de 100 cm de ancho y 20 cm de largo

PLIEGO DEL PATRÓN A (ROSA)

1 Cortar dos tiras de tela de algodón de 60 cm de largo cada una para confeccionar las suelas y otras dos tiras de tela de algodón de 40 cm de largo para las piezas superiores de las zapatillas. Planchar una tira de entretela con volumen colocada sobre la parte trasera de una de las tiras de tela de las suelas; planchar igualmente sobre la parte posterior de la otra tira de la suela un trozo de Vliesofix del tamaño adecuado. Proceder del mismo modo con las piezas superiores de las zapatillas.

2 Planchar las dos tiras de tela reforzadas con Vliesofix, superpuestas sobre las respectivas tiras reforzadas con entretela con volumen, de modo que los laterales de la tela queden hacia fuera. Cortar todas las piezas siguiendo el patrón, teniendo en cuenta las indicaciones para el margen de costura.

3 Contornear el canto del remate de las dos piezas superiores de las zapatillas con una cinta para ribetes. Fijar prendiendo con alfileres las piezas superiores a las suelas, comenzando por la zona marcada en el centro de la pieza de la zapatilla y trabajando hacia ambos lados. A continuación, unir a pespunte las piezas dejando una distancia de 0,5 cm aproximadamente del borde. Ribetear con la cinta para ribetes el contorno completo de las suelas. Empezar por el centro de la parte trasera y tener cuidado de pespuntear el comienzo de la cinta para ribetes, doblando ésta hacia dentro 1 cm aproximadamente.

Consejo

¿Quieres tener unas suelas más fuertes para tus zapatillas de estar en casa? Utiliza entonces un fieltro resistente para la parte inferior de las suelas, o una vez confeccionadas las zapatillas, aplica sobre la parte exterior de las suelas una capa de caucho líquido.

Jirafa para macetas

→ Decoración original

TAMAÑO
25 cm aprox.

MATERIALES
- Tela de algodón amarilla, 25 cm
- Tela de algodón blanca, restos
- Ribete de flecos marrones de 2,5 cm de ancho, 12 cm y 6 cm
- 2 botones marrones, de 6 mm Ø
- 2 pinchos de madera para brochetas, de 4 cm
- 2 lágrimas de madera de color natural
- Hilo de bordar marrón oscuro
- Lápices marrón y rojo
- Pegamento universal UHU
- Algodón de relleno
- Palito de floristería de 10 mm Ø, 35 cm de largo aprox.

PLIEGO DEL PATRÓN A (MARRÓN)

1 Cortar todas las piezas según están en los patrones. Pintar con un lápiz de colores las manchas de la pieza del cuello y la cabeza tal como aparece en el patrón y en la fotografía. Coser juntas derecho con derecho las dos piezas posteriores del cuello, insertando al mismo tiempo el trozo más largo de ribete de flecos siguiendo las marcas. Tener cuidado de que el ribete quede intercalado entre las dos piezas del cuello señalando hacia el interior. Coser derecho con derecho las dos piezas del cuello hasta la abertura para darle la vuelta a la pieza. Seguidamente, dar la vuelta al cuello y rellenarlo con el algodón de relleno, deslizando en el interior el palito de floristería de madera y envolviendo éste poco a poco con el algodón de relleno.

2 Fruncir el canto inferior del cuello y cerrarlo a la vez que se dobla hacia dentro el margen de costura. Fijar el hilo y coserlo. Cerrar derecho con derecho la costura trasera de la cabeza hasta la abertura para dar la vuelta, insertando a la vez el ribete pequeño de flecos según indican las marcas del patrón. Proceder del mismo modo que se describe en las instrucciones para confeccionar el cuello.

3 A continuación, coser derecho con derecho la pieza del hocico sobre la pieza delantera de la cabeza. Unir a pespunte derecho con derecho cada dos pares de orejas hasta la abertura y después darles la vuelta por ella. Doblar las orejas por la mitad en el canto inferior y pespuntearlas plegadas de este modo por dentro del margen de costura. Después, coser juntas derecho con derecho las piezas delantera y trasera de la cabeza, incluyendo las orejas tal como se marca en el patrón. Las orejas quedan intercaladas entre las dos piezas de la cabeza y señalan hacia dentro. Dar la vuelta a la cabeza y rellenar con cuidado con el algodón de relleno.

4 Bordar los ojos y la boca y coser dos botones para dar forma a los orificios de la nariz. Insertar y pegar las lágrimas de madera en los extremos de los pinchos para brochetas. Con una aguja de zurcir o de tejer, perforar con cuidado, según el patrón, unos orificios para introducir los pinchos de madera y a continuación pegar éstos en la cabeza. Para finalizar, fijar la cabeza con punto oculto en el cuello de la jirafa, de manera que el ribete de flecos de la cabeza y del cuello quede alineado formando una línea continua.

LA COCINA/EL COMEDOR

La cocina y el comedor son las habitaciones preferidas de la casa para muchas personas. Uno se siente muy bien allí donde se come y se cocina, donde se expande el aroma de los deliciosos platos. Jóvenes y mayores se sientan juntos durante horas, ríen, charlan y disfrutan en compañía. Los adornos de este libro, confeccionados a mano, te mostrarán cómo convertir estos espacios en lugares aún más acogedores.

- Bolso con aplicaciones de flores
- Mantel con corazones
- Gallinas decorativas
- La vaquita Elsa
- El cocinero Gustavo
- Ribete para la estantería

Bolso con aplicaciones de flores

→ Para ir de compras

TAMAÑO
40 x 43 cm aprox. (sin asas)

MATERIALES
- Tela de algodón blanca, 30 cm
- Tela de algodón escocesa rosa y blanca, 25 cm
- Tela de algodón rosa, 15 cm
- Tela de algodón a rayas verde-blanca, restos
- Entretela con volumen H 630 termoadhesiva, 15 cm
- Botón blanco, de 18 mm Ø
- 2 botones rosas, de 20 mm Ø
- Hilos de bordar blanco y verde

PLIEGO DEL PATRÓN A (LILA)

1 Cortar todas las piezas siguiendo el patrón con el margen de costura, y para las piezas de las flores y de las hojas cortar además una pieza de entretela con volumen para cada una sin margen de costura. A continuación, cortar de la tela de algodón escocesa de color rosa y blanco dos piezas de 42 x 5,5 cm (asas exteriores de la bolsa), y dos tiras de 42 x 10 cm (tiras inferiores del bolso); cortar también dos tiras de 42 x 5,5 cm (asas interiores del bolso) de la tela de algodón de color blanco (todas las medidas incluyen 1 cm de margen de costura).

2 Planchar las piezas de entretela con volumen por la mitad sobre una mitad de los círculos de flores y de hojas. Cortar la otra mitad en el centro unos 3 cm de largo para dejar una abertura para dar la vuelta. Coser juntas derecho con derecho por el contorno una pieza de flor con entretela con volumen y otra sin entretela con volumen, respectivamente, y dar la vuelta por la abertura. Después, cerrar dicha abertura con punto lanzado. En la parte delantera del bolso, bordar los tallos de las flores con punto de tallo siguiendo el patrón. Coser las hojas en el bolso con hilo blanco de bordar, a lo largo del nervio de la hoja. Colocar los círculos de las flores superpuestos según se ve en la fotografía y fijarlos en el bolso cosiendo un botón que una todas las capas de tela.

3 Coser derecho con derecho las tiras del bolso por arriba y por abajo uniendo respectivamente la pieza delantera con la trasera. Planchar el margen de costura de la tela blanca y pespuntear. Después, coser juntas derecho con derecho las dos piezas del bolso por la abertura superior de la misma. Rematar el margen de costura del canto superior del orificio del bolso, plegar hacia dentro según el patrón a lo largo de la línea de pliegue. Planchar.

4 Para confeccionar las dos asas del bolso, unir a pespunte una tira blanca con otra tira escocesa de color rosa y blanco, dejando una abertura para dar la vuelta por uno de los lados estrechos. Después, dar la vuelta al asa. Planchar bien las costuras, plegando hacia dentro el margen de costura de la abertura. A continuación, pespuntear el contorno de las asas. Plegar de nuevo hacia fuera la solapa planchada del canto superior del bolso y coser a pespunte las asas siguiendo el patrón (las asas deben señalar hacia la cara interior del bolso). Tener cuidado para que las asas no queden retorcidas al coserlas. Doblar otra vez la solapa hacia el interior y, para finalizar, pespuntear el contorno por debajo de las asas.

Mantel con corazones
→ Con servilletas a juego

TAMAÑO
38 x 146 cm aprox.

MATERIALES
MANTEL
- Tela de algodón blanca con rayas rojas y rosas, 50 cm
- Tela de algodón jaspeada roja, 25 cm
- Tela de algodón blanca con motas rojas, 15 cm
- Tela de algodón a cuadros rosas y blancos, restos
- Cinta rosa al bies para ribetes, 2 tiras de 40 cm
- Galón rosa en zigzag, 2 tiras de 40 cm
- Vliesofix, papel termoadhesivo de doble cara, 15 cm
- Hilo de bordar rojo

SERVILLETAS
- Tela de algodón blanca con rayas rojas y rosas, 40 x 40 cm
- Tela de algodón roja jaspeada, 40 x 40 cm
- Tela de algodón blanca con motas rojas, restos
- Vliesofix, papel termoadhesivo de doble cara, restos

**PLIEGO DEL PATRÓN A
(AZUL CLARO)**

1 Cortar las piezas para las aplicaciones siguiendo el patrón (cuatro corazones pequeños de tela de cuadros de color rosa y blanco, y de color blanco con motas rojas; dos corazones grandes de color blanco con motas rojas, y dos minicorazones de tela de cuadros de color rosa y blanco). Seguir las instrucciones de las páginas 58 y 59. Para confeccionar el mantel, cortar primero una tira de tela de algodón blanca con rayas rojas y rosas de 107 x 50 cm, y dos tiras de tela de algodón de color rojo jaspeado de 50 x 22,5 cm. Aplicar los corazones en la tela siguiendo el patrón y adornarlos con un bordado de punto lanzado según muestra la fotografía.

2 Coser derecho con derecho las dos piezas pequeñas del mantel con los corazones aplicados, uniéndolas a la pieza grande del mantel. Rematar el margen de costura, colocarlo en dirección al centro del mantel y coserlo a pespunte. A continuación, pespuntear el galón en zigzag a aproximadamente 1 cm de la costura. Rematar los dos lados cortos del mantel con cinta para ribetes siguiendo las instrucciones de la página 58. Los cantos laterales del mantel se rematan con un simple dobladillo.

3 Rematar las servilletas por todos los cantos con un dobladillo sencillo. Por último, aplicar el corazón siguiendo la fotografía.

Consejo
Se puede adaptar fácilmente la longitud de este mantel a otra mesa acortando o alargando la pieza central del mismo. Las servilletas se pueden confeccionar partiendo de ideas propias, cosiendo y adornando las piezas con restos de tela de un color que combine.

Gallinas decorativas

→ Para enamorar

TAMAÑO
Guirnalda decorativa con gallinas, 26 cm aprox.
Figuras decorativas 9 cm o 18 cm aprox.

MATERIALES
GUIRNALDA DECORATIVA
- Tela de algodón de color natural, 15 cm
- Telas de algodón a rayas de colores anaranjado, amarillo y amarillo y blanco, restos
- Entretela con volumen H 630 termoadhesiva, 15 cm
- Hilo de bordar marrón oscuro
- 2 botones blancos, de 6 mm Ø
- Cinta de satén roja con motas blancas, de 1 cm de ancho, 1 m
- 2 cordones de satén blancos, de 4 mm de ancho y 10 cm de largo
- 1 corazón de madera rojo, de 12 mm
- Algodón de relleno, restos
- Pegamento en caliente

FIGURAS DECORATIVAS
- Telas de algodón de colores natural, amarillo anaranjado y a cuadros de color amarillo y natural, restos
- Entretela con volumen H 630 termoadhesiva, restos
- 2 botones de color natural, de 6 mm Ø
- 1 corazón de madera rojo, de 12 mm
- 1 gorra de juguete de plástico de 4 cm
- Hilo de bordar marrón oscuro
- Algodón de relleno
- Granulado
- Pegamento en caliente

PLIEGO DEL PATRÓN A (NARANJA Y AZUL OSCURO)

Guirnalda decorativa

1 Cortar todas las piezas siguiendo los patrones (las piezas de entretela con volumen se cortan sin el margen de costura). Planchar las piezas de entretela con volumen por la mitad sobre la pieza del huevo o del pico respectivo y la pieza trasera de la gallina. Coser juntas derecho con derecho cada dos piezas de un huevo dejando una abertura, darles la vuelta por dicha abertura y cerrar con punto oculto. Fruncir el contorno de la yema del huevo tirando ligeramente del hilo y rellenarla con un poco de algodón de relleno. Por último, fijar la yema con punto oculto sobre la clara del huevo frito. Coser derecho con derecho por pares las piezas del pico de la gallina hasta la abertura, dar la vuelta a la pieza y cerrar el orificio con punto oculto.

2 Para confeccionar las patas, coser cada dos piezas derecho con derecho hasta la abertura y dar la vuelta a la pieza por la misma. Deslizar el trozo de cordón de satén dentro de la abertura, insertando hacia dentro el margen de costura. Pespuntear la abertura muy ajustada al canto, a la vez que se incluye el cordón. A continuación, coser juntas derecho con derecho las dos piezas delanteras de la gallina hasta la abertura, insertando los extremos de los cordones de satén de las patas. Seguir las instrucciones en las páginas 60 y 61.

3 Fijar el pico con los dos botones en la cabeza de la gallina y bordar los ojos. Añadir los pelos, insertando tres hilos de unos 10 cm de largo y anudando entre sí los extremos varias veces. Cortarlos a la longitud que se prefiera. Por último, colocar el corazón en la barriga de la gallina y colgar las figuras en la cinta de satén como muestra la fotografía.

Figuras decorativas

1 Cortar todas las piezas según los patrones (las piezas de entretela con volumen se cortan sin el margen de costura). Planchar las piezas del pico de entretela con volumen por la mitad sobre la pieza del pico respectiva. En el caso de la gallina grande, coser las piezas de la barriga derecho con derecho en las piezas de la cabeza.

2 Tanto para la gallina como para el pollo, coser juntas las dos piezas del cuerpo derecho con derecho hasta el canto inferior (canto de unión con la base). Insertar la base derecho con derecho y cerrarla dejando una abertura. Dar la vuelta a la gallina y al pollo, y, a continuación, rellenar la zona de la cabeza con algodón de relleno y la zona inferior con granulado. Cerrar el orificio con punto oculto.

3 Coser derecho con derecho por pares las piezas de cada pico hasta la abertura. Dar la vuelta a la pieza y cerrar el orificio con punto oculto. Fijar el pico de la gallina grande con dos botones y el del pollo con dos puntadas de hilo de bordar de color marrón. A continuación, bordar los ojos e insertar los pelos en la gallina grande según se describe en el paso 3 de la gallina de la guirnalda decorativa. Colocar el corazón sobre la barriga de la gallina grande y la gorra en la cabeza del pollo.

La vaquita Elsa

→ Acogedora y mullidita

TAMAÑO
46 cm aprox.

MATERIALES
- Tela de algodón blanca, 30 cm
- Tela de algodón rosa palo, restos
- Tela de algodón jaspeada gris y marrón, 10 cm
- Tela de algodón escocesa verde, roja y blanca, restos
- Tela de borreguillo de color natural, restos
- 3 botones de madera con forma de corazón de color rojo oscuro, de 1 cm
- 1 botón blanco con forma de flor, de 13 mm Ø
- Ribete de flecos negros, de 5 cm de ancho y 5 cm de largo
- Algodón de relleno
- Granulado
- Hilo de bordar marrón oscuro
- Entretela con volumen H 630 termoadhesiva, restos
- Rotulador permanente para telas de color negro

PLIEGO DEL PATRÓN A (ROJO)

1 Cortar todas las piezas con margen de costura siguiendo el patrón, y cortar una pieza del hocico de la entretela con volumen sin margen de costura. Desflecar el pañuelo. Pintar las manchas de la vaca siguiendo la fotografía y dejar que se sequen bien. Coser derecho con derecho las piezas de las orejas de dos en dos y darles la vuelta. Doblar $1/3$ aproximadamente una oreja por el lado derecho y la otra oreja por el lado izquierdo del canto inferior, y pespuntear por dentro del margen de costura. Para confeccionar los cuernos, coser cada dos piezas uniéndolas derecho con derecho hasta la abertura y después dar la vuelta a cada cuerno.

2 Para confeccionar el hocico, planchar la pieza de entretela con volumen por la mitad sobre la pieza de tela del hocico, y después coser ambas piezas juntas derecho con derecho. Dar la vuelta al hocico y cerrar la abertura con punto oculto. Coser los dos botones con forma de corazón y bordar la boca. Coser una pezuña en el extremo de cada una de las piezas de las cuatro patas; luego, pespuntear derecho con derecho las dos piezas de cada pata dejando una abertura, y a continuación dar la vuelta a las patas. Rellenarlas con un poco de granulado por la parte de las pezuñas, y el resto con algodón de relleno. Después, cerrar la abertura con punto oculto. Unir el rabo derecho con derecho a lo largo de la línea de pliegue de la tela y coserlo a pespunte dejando una abertura por el lado estrecho para insertar dentro en doble el ribete de flecos. Tener cuidado para que el ribete quede por dentro del lado estrecho del rabo. Dar la vuelta al rabo y rellenarlo con un poco de granulado, sin que quede demasiado compacto. Doblar el margen de costura hacia dentro y pespuntear la abertura del rabo.

3 A continuación, siguiendo el patrón, coser derecho con derecho las dos piezas del cuerpo incluyendo las orejas y los cuernos. Ajustar la base de asiento, introduciendo las patas inferiores, y después pespuntear, dejando una abertura sin coser. Posteriormente, dar la vuelta al cuerpo, rellenarlo con algodón de relleno y un poco de granulado en la base de asiento. Cerrar la abertura con punto oculto. Coser el rabo con el tercer botón con forma de corazón. Fijar los brazos (patas de arriba) según se describe en la página 6 para la Muñeca de bienvenida. Coser el hocico con punto oculto y bordar los ojos. Enfilar en la cabeza tres hilos paralelos de unos 5 cm de largo, para el pelo, y hacer 4 ó 5 nudos. Cortar el pelo a la longitud deseada. Anudar el pañuelo y, por último, coser la cabeza.

El cocinero Gustavo

→ Agitando la cuchara

TAMAÑO
42 cm aprox.

MATERIALES
- Tela de algodón de color carne, 30 cm
- Tela de algodón blanca, 25 cm
- Tela de algodón a rayas en negro y gris, 10 cm
- Tela de algodón jaspeada gris, restos
- 5 botones negros, de 6 mm Ø
- Hilo de bordar negro

PLIEGO DEL PATRÓN A + B (MARRÓN CLARO)

Cuerpo

Cortar todas las piezas del muñeco cocinero según se describe en la página 6 para la Muñeca de bienvenida, y coserlas. Los zapatos se cosen directamente a las piernas, cerrándolos primero derecho con derecho por la costura central delantera. A continuación se cosen los zapatos a las piernas derecho con derecho. Coser el contorno de las piernas dejando una abertura y darles la vuelta.

Ropa

1 Cortar todas las piezas siguiendo el patrón. Para confeccionar la bata, coser derecho con derecho los dos delanteros por los hombros en la pieza trasera. Del mismo modo, cerrar derecho con derecho en las vistas (refuerzos) las costuras de los hombros. Coser las vistas derecho con derecho sobre el canto de corte del cuello, colocarlas hacia el interior y pespuntear muy ajustado al canto. Adaptar las mangas derecho con derecho dentro de las sisas. Seguidamente, rematar o sobrehilar el margen de costura de los cantos inferiores de las mangas, doblarlos hacia dentro y pespuntear. Cerrar las costuras de las mangas y las costuras laterales. Rematar el margen de costura del canto inferior de la bata, doblarlo hacia dentro y pespuntear. Igualmente, plegar hacia dentro el margen de costura del canto delantero de la pieza derecha de la bata y pespuntearlo. Vestir la bata al muñeco, colocar superpuestos los cantos delanteros de la bata (derecho sobre revés) y cerrarla cosiendo los botones.

2 Para el gorro del cocinero, plegar primero la pieza de arriba por su canto inferior, siguiendo las marcas del patrón, y pespuntear los pliegues por dentro del margen de costura. Doblar hacia dentro el margen de costura de un lado longitudinal de la pieza inferior del gorro y coser a pespunte. Después, unir a pespunte derecho con derecho el canto con pliegues de la pieza superior del gorro con el otro lado longitudinal de la pieza inferior del mismo. Colocar el margen de costura hacia abajo y pespuntear. Cerrar la costura lateral derecho con derecho. Luego, fruncir la pieza superior de la gorra y, con ayuda de un hilo, ceñirla hasta cerrar el gorro. Atar el hilo con unos nudos y dar la vuelta al gorro. Por último, fijar el gorro en la cabeza con un par de puntadas a mano.

Ribete para la estantería

→ Para alegrar muebles sencillos

TAMAÑO
120 x 19 cm aprox.

MATERIALES
- Tela de algodón rosa jaspeada, 10 cm
- Tela de algodón blanca, 10 cm
- Tela de algodón blanca con flores estampadas, 10 cm
- Tela de algodón a cuadros verdes y blancos, 20 cm
- Cinta al bies para ribetes a cuadros rosas y blancos, 1,20 m
- Galón en zigzag blanco, 1,20 m
- Velcro (adhesivo por una cara) de 2 cm de ancho, 1,20 m
- Hilo de bordar verde
- 1 botón con forma de círculo en espiral de color rosa, de 2,2 cm Ø

PLIEGO DEL PATRÓN A (VERDE CLARO)

1 Cortar todas las piezas siguiendo el patrón. A continuación, cortar dos tiras de 120 x 5 cm para el ribete. Coser a pespunte un galón en zigzag en el derecho y en el centro de una tira del ribete.

2 Bordar sobre un semicírculo blanco, con punto de tallo o punto de realce plano, el tallo de la flor y las hojas según el patrón. Coser dos semicírculos iguales derecho con derecho dejando una abertura y recortar el margen de costura a 0,5 cm. Dar la vuelta al semicírculo que resulta de la unión de los dos anteriores y planchar bien la curva del contorno.

3 Coser derecho con derecho los diferentes semicírculos sobre una tira del ribete, de modo que los cantos rectos queden superpuestos. Tener cuidado de que los dos semicírculos laterales queden por fuera y también de pespuntear todos los semicírculos muy ajustados uno al lado del otro.

4 Coser la segunda tira del ribete derecho con derecho por el otro lado en sentido contrario, de manera que los semicírculos queden entre las dos tiras del ribete, y las dos tiras del ribete y las costuras pespunteadas estén superpuestas. Asimismo, coser juntos los lados cortos de las tiras del ribete y después dar la vuelta al mismo. Unir a pespunte el canto superior (= abierto) por dentro del margen de costura y ribetear el canto con la cinta de cuadraditos, doblando el extremo de la cinta hacia dentro. Por último, coser el botón rosa en el centro del semicírculo blanco.

Consejo

Si se prefiere, se puede alargar el ribete para la estantería añadiendo uno o más semicírculos.

El cuarto de estar

¡Fin de la jornada! La familia se reúne en el cuarto de estar. Los mayores se tumban cómodamente sobre el sofá bajo una suave manta y los pequeños se sientan acurrucados en el suelo sobre un enorme cojín. En esta habitación triunfa un ambiente hogareño, con alegres cojines en el sofá, encantadores adornos en las ventanas y acogedoras guirnaldas de luces, y todo lo puedes coser tú mismo. ¡Compruébalo!

- Cómodo cojín para sentarse
- Manta de patchwork
- Cojín para el sofá
- Una veloz mariposa
- La florista Melisa
- El cerdito Federico
- Guirnalda de luces con flores
- Guirnalda de banderines

Cómodo cojín para sentarse
→ Con diseño de ovejas

TAMAÑO
1,20 x 1,35 m aprox.

MATERIALES
- Tela de algodón a cuadros en azul claro y blanco, 50 cm
- Tela de algodón verde claro, 25 cm
- Tela de algodón blanca con flores multicolores, 30 cm
- Tela de algodón a rayas en azul claro y blanco, 20 cm
- Tela de algodón blanca, 15 cm
- Tela de algodón rosa, 15 cm
- Tela de algodón de color carne, 10 cm
- Tela de velvetón rosa, restos
- Tela de borreguillo blanca, 25 cm
- Tela de borreguillo azul oscuro (trasera del cojín), 130 cm
- Tela blanca de algodón resistente (cojín interior), 260 cm
- Vliesofix, papel termoadhesivo de doble cara, 25 cm
- Galón blanco en zigzag, 75 cm, y rosa, 2 x 75 cm
- Cinta tejida con florecillas de color rosa, de 1 cm de ancho, 125 cm
- Cinta al bies para ribetes a cuadros en rosa y blanco, 125 cm
- Hilos de bordar rosa, verde y negro
- 3 kg de granulado de poliestireno expandido
- Cremallera para ropa de cama, 120 cm

PLIEGO DEL PATRÓN B (NEGRO)

1 Siguiendo el patrón, cortar todas las piezas para las ovejas, las flores y la pieza superior del cojín. Es importante prestar atención a las indicaciones sobre aplicaciones que se detallan en las páginas 58 y 59. Pero atención las orejas de las ovejas no son aplicaciones. Cortar la tela de algodón en tiras de las siguientes medidas (todas las medidas incluyen margen de costura): tela de color verde claro, una de 122 x 22 cm; tela blanca con flores multicolores, dos de 27 x 72 cm; tela azul claro y blanca a rayas, dos de 17 x 72 cm; tela blanca, dos de 12 x 72 cm, y tela de color rosa, una de 12 x 72 cm y dos de 7 x 72 cm.

2 A continuación, coser el galón blanco en zigzag en el centro de la tira ancha de color rosa, y el galón rosa sobre la tira blanca. Coser a pespunte la cinta tejida con florecitas rosas a 5 cm del borde superior de la tira de color verde claro, y coser también la cinta al bies a cuadros para ribetes a 10 cm del borde inferior de dicha tira de tela verde. Coser juntas derecho con derecho todas las tiras de 70 cm a lo largo formando un gran rectángulo según marca el esquema del patrón. Pespuntear el margen de costura muy ceñido al canto. Coser después derecho con derecho la tira de color verde claro en un lado alargado del rectángulo. Pespuntear igualmente el margen de costura. Para las orejas de las ovejas, coser derecho con derecho las piezas por pares dejando una abertura y darles la vuelta (seguir las instrucciones de las págs. 60 y 61).

3 Para unir las aplicaciones, planchar cada pieza extendida sobre la parte superior del cojín según marca el patrón, comenzando por las de las flores de arriba y las barriguitas de las ovejas. Plegar por la mitad las orejas y fijarlas con algunas puntadas sobre la pieza superior del cojín, según muestra el patrón. Luego, planchar encima las piezas inferiores de las flores y las cabezas de las ovejas. Aplicar todas las piezas planchadas con punto en zigzag. Bordar las caras de las ovejas, y los tallos y los adornos de las flores con punto de tallo o punto de nudo. Después, coser derecho con derecho la pieza superior del cojín en la tira verde central y pespuntear el margen de costura.

4 A continuación, colocar en doble derecho con derecho la tela de algodón resistente para confeccionar el cojín interior. Extender encima la pieza delantera del cojín y marcar el contorno con un lápiz. Cortar las dos capas de tela por la línea marcada y coser a pespunte, dejando una abertura de 25 cm por el canto inferior. Colocar derecho con derecho la pieza delantera del cojín sobre la tela de borreguillo de color azul oscuro; fijarlo todo con alfileres y coser juntas las dos telas, dejando abierto el canto inferior para después darle la vuelta. Cortar la tela de borreguillo que sobra y rematar los cantos. Montar la cremallera sobre la abertura. Dar la vuelta a los dos cojines. Rellenar el interior con el granulado de poliestireno y coser a pespunte la abertura. Por último, insertar el cojín interior en el forro y cerrar la cremallera.

Manta de patchwork
→ Para momentos hogareños

TAMAÑO
1,15 x 1,75 m aprox.

MATERIALES
- Tela de algodón (1) rosa, 40 cm
- Tela de algodón (2) blanca con motas rojas, 40 cm
- Tela de algodón (3) blanca con rayas rojas y rosas, 40 cm
- Tela de algodón (4) blanca con florecillas en círculos, 40 cm
- Tela de algodón (5) a cuadros en verde y blanco, 40 cm
- Tela de algodón (6) a rayas rosas y blancas, 40 cm
- Tela de algodón verde claro, 30 x 30 cm
- Tela de algodón marrón con círculos blancos y rosas, restos
- Tela de algodón a cuadros en rosa y blanco, restos
- Tela de algodón rosa a cuadros, restos
- Tela de borreguillo blanca (trasera de la manta), 1,80 m
- Galón en zigzag rosa, 1,15 m, y otro de color blanco, 40 cm
- Cinta al bies para ribetes rosa con motas rojas, 5,90 m
- Hilos de bordar blanco, rosa y rojo oscuro

PLIEGO DEL PATRÓN B (ROSA)

1 Siguiendo el patrón, cortar todas las piezas para las aplicaciones sin margen de costura (las dos magdalenas y el redondel verde claro para el rótulo del bordado *Home Sweet Home* - Hogar dulce hogar). Prestar atención a las indicaciones sobre aplicaciones que se detallan en las páginas 58 y 59. Cortar las telas de algodón con las medidas siguientes (todas las medidas incluyen margen de costura): tela de color rosa, dos de 37 x 37 cm; tela blanca con motas rojas, tres de 37 x 37 cm y dos de 37 x 19,5 cm; tela blanca con rayas rojas y rosas, dos de 47 x 37 cm y dos de 7 x 37 cm; tela blanca con florecillas en círculos, dos de 47 x 37 cm; tela a cuadros de color verde y blanco, cuatro de 19,5 x 37 cm y dos de 37 x 19,5 cm; tela a rayas de color rosa y blanco, dos de 19,5 x 37 cm y dos de 37 x 19,5 cm.

2 Planchar las diferentes piezas de las magdalenas en el centro de un cuadrado de tela de color rosa, a unos 10 cm del borde inferior. Pespuntear encima los adornos de los galones en zigzag y aplicar las diferentes piezas con un hilo de costura de un color a juego. Tener cuidado de incluir los extremos de los galones en zigzag. Siguiendo el patrón, bordar los puntos con hilo de bordar con punto de realce plano. A continuación, bordar el círculo verde en el medio del cuadrado con motas blancas y rojas. Pespuntear alrededor el galón rojo en zigzag, de modo que el ribete cubra el contorno del círculo de tela verde. Bordar el rótulo con punto de tallo y los puntitos con punto de realce plano, según muestra el patrón.

3 Coser los distintos rectángulos según el esquema del pliego de patrones. Primero, coser en tiras horizontales derecho con derecho y pespuntear el margen de costura. A continuación, montar también derecho con derecho las tiras formando la manta y después pespuntear el margen de costura. Extender superpuestos el borreguillo para la parte trasera y la parte delantera de la manta, de modo que las dos caras del revés de la tela queden hacia el interior. Coser el contorno de la colcha por dentro del margen de costura con punto en zigzag (ver pág. 60, Dobladillo sencillo), para que no se deslicen las telas.

4 Rematar los cantos de la manta con la cinta para ribetes. Poner primero dos cantos opuestos. En este caso no se necesita que los extremos de la cinta para ribetes queden doblados hacia dentro. Por último, rematar los dos cantos restantes con la cinta al bies para ribetes, prestando atención, ahora sí, en plegar hacia dentro los extremos de la cinta para ribetear.

Cojín para el sofá

→ Para momentos soleados

TAMAÑO
50 x 50 cm aprox.

MATERIALES
- Tela de algodón a rayas azules y blancas, 35 cm
- Tela de algodón a cuadros azules y blancos, 35 cm
- Tela de algodón blanca, 32 x 32 cm
- Tela de algodón amarilla, restos
- Tela de algodón a cuadros amarillos y blancos, restos
- Tela de algodón de color anaranjado con estampado de flores, restos
- Vliselina (entretela), 20 cm
- Galón en zigzag de color anaranjado y amarillo, 105 cm
- 2 botones negros, de 3 mm Ø
- 2 botones con forma de corazón, de color rosa, de 6 cm Ø
- 5 botones anaranjados, de 1,5 cm Ø
- Hilos de bordar anaranjado y marrón oscuro
- Cojín de relleno, 50 x 50 cm

PLIEGO DEL PATRÓN B (LILA CLARO)

1 Cortar todas las piezas para las aplicaciones siguiendo el patrón. Prestar atención a las indicaciones sobre el margen de costura del sol y las instrucciones de las páginas 58 y 59. Cortar las tiras siguientes de las telas de algodón: tela a rayas de color azul y blanco, dos de 32 x 7 cm, dos de 52 x 7 cm y una de 52 x 34 cm (trasera del cojín); tela a cuadros de color azul y blanco, cuatro de 42 x 7 cm y una de 52 x 33 cm (pieza trasera superior del cojín).

2 Para confeccionar la pieza delantera del cojín, planchar primero los rayos de sol de la tela amarilla a cuadros y después la cara del sol y los corazones siguiendo el patrón. Hay que tener cuidado con el margen de costura de la pieza del sol. Aplicar todo con un hilo de un color que combine. Bordar después la boca del sol con punto de bastilla, los tallos de los corazones con punto de tallo y las hojas con punto de realce plano. A continuación, coser encima los botones según muestran el patrón y la fotografía.

3 Coser seguidas las tiras de 7 cm de ancho derecho con derecho en el cuadrado con la aplicación del sol. Comenzar con las dos tiras cortas de tela de rayas por el lado izquierdo o derecho. A continuación, añadir dos tiras de tela a cuadros por arriba y por abajo. Coser las otras dos tiras a cuadros a izquierda y derecha. Después, pespuntear las dos tiras largas de rayas en las partes superior e inferior. Y por último, coser el galón en zigzag en las tiras de tela superior e inferior del cojín, según se ve en la fotografía.

4 Para la trasera del cojín, realizar un dobladillo sencillo de 5 cm de ancho en el canto más largo de las dos piezas de tela. Fijar los botones distribuidos uniformemente sobre el dobladillo de la pieza trasera superior del cojín, y después coser los ojales en el dobladillo de la pieza trasera inferior. Coser las dos piezas traseras derecho con derecho sobre la pieza delantera del cojín, de modo que la línea de los ojales case exactamente por debajo de la línea de los botones. Para finalizar, dar la vuelta al cojín.

Una veloz mariposa

→ Una mariposa para la ventana

TAMAÑO
42 cm aprox.
Mariposa, 14 cm aprox.

MATERIALES
- Tela de algodón de color natural con flores, 10 cm
- Telas de algodón a cuadros de color rosa y natural, 15 cm de cada color
- Alambre blanco, 0,5 mm, 6 cm de largo
- Vliselina (entretela con volumen) H 640, 20 cm
- Flor de fieltro de color natural, 11 cm
- 3 flores de fieltro rosa, 4 cm
- Hilos de bordar blanco y negro
- Lápiz rojo
- Hilo de nailon
- Alicates
- Pegamento universal UHU

PLIEGO DEL PATRÓN A (VERDE OSCURO)

1 Siguiendo el patrón, cortar todas las piezas en las telas respectivas con margen de costura, y en el caso de la entretela con volumen, cortar una pieza de cada sin margen de costura. A continuación, planchar las piezas de entretela con volumen por la mitad sobre el lado del revés de una pieza de tela.

2 Coser juntas derecho con derecho una pieza con entretela y otra sin entretela con volumen, dejando una abertura, y después dar la vuelta a la pieza. Cerrar las aberturas de todas las piezas con punto oculto.

3 A continuación, bordar las espirales sobre las alas de tela rosa con hilo de bordar blanco, según muestra el patrón. Después, coser con algunas puntadas las alas superiores, siguiendo las marcas, sobre las alas inferiores.

4 Bordar los ojos y la boca. Enfilar el alambre para las antenas por las marcas de la cabeza. Curvar los extremos con unos alicates formando un caracolillo. Pintar las mejillas con un lápiz de color rojo y pegar el cuerpo sobre las alas.

5 Para colgar la mariposa, colocar un hilo de nailon en el ala superior por la parte posterior del cuerpo. Finalmente, colgar las flores de fieltro de la mariposa fijándolas con un hilo de nailon, tal y como se ve en la fotografía.

La florista Melisa

→ Una sonrisa mágica en la ventana

TAMAÑO
27 cm aprox.

MATERIALES
- Telas de algodón de color carne y natural, 20 cm de cada color
- Tela de algodón a rayas verdes y blancas, 10 cm
- Tela de algodón verde, restos
- Entretela con volumen H 640 termoadhesiva, 20 cm
- 2 cintas de satén de color verde manzana, de 3 mm de ancho y 20 cm de largo
- Botones de 9 mm Ø, 5 de color rosa y 3 de color fucsia
- 9 hebras de cabello de muñecos de color anaranjado, de 25 cm cada una
- 5 alambres de 0,8 mm Ø, de 35 cm de largo cada uno
- Fieltro verde, restos
- Hilo de bordar negro
- Lápiz rojo

PLIEGO DEL PATRÓN A (TURQUESA)

1 Siguiendo el patrón, cortar todas las piezas en las telas respectivas con margen de costura, y en el caso de la entretela con volumen, cortar una pieza de cada pero sin margen de costura (incluyendo el bolsillo). Para confeccionar el vestido, cortar una tira de tela de algodón de color natural de 32 x 18 cm (incluido margen de costura). Las hojas de las flores se cortan en fieltro sin margen de costura. Coser derecho con derecho las manos en los brazos siguiendo las marcas. A continuación, planchar las piezas de entretela con volumen por el medio sobre el lado del revés de un trozo de tela. Colocar derecho con derecho respectivamente una pieza con entretela y otra sin entretela con volumen, coserlas juntas dejando una abertura y dar la vuelta a las piezas por dicho orificio. Cerrar las aberturas de los brazos con punto oculto. Plegar hacia dentro el margen de costura de la abertura del cuerpo. Después, deslizar dentro las piernas siguiendo las marcas. Coser a pespunte la abertura muy ajustada al canto, incluyendo a la vez las piernas.

2 A continuación, bordar la cara con hilo de bordar negro y pintar las mejillas con un lápiz de color rojo. Rematar el margen de costura del borde superior del bolsillo, doblarlo hacia dentro y coser a pespunte. Doblar asimismo el margen de costura alrededor del bolsillo y después coser éste en el vestido según se aprecia en la fotografía. Utilizar para ello un hilo de color blanco para crear contraste. Después, rematar el margen de costura del dobladillo superior e inferior del vestido, doblarlo hacia dentro y pespuntear, utilizando un hilo de coser verde para el dobladillo inferior. Cerrar en redondo el vestido. Fruncir el escote y enfundar el vestido a la muñeca de modo que la costura quede por detrás en el centro del cuerpo. Adaptar la anchura del escote y fijar el vestido con unas puntadas a mano. Por último, coser las mangas sobre el vestido con los botones de color rosa.

3 Coser los cabellos en las zonas marcadas en el patrón con un par de puntadas y seguidamente hacer cada trenza con tres mechones de tres hebras cada uno. Después, atar con un lazo de cinta de satén el extremo de cada trenza. A continuación se confeccionan las flores, enfilando un trozo de alambre por la cara inferior de un botón y pasándolo luego por la cara superior del botón en dirección contraria. El botón debe quedar en el centro del alambre. Deslizar una hoja de fieltro entre dos trozos de alambre y retorcer el tallo de alambre hasta dejarlo con la longitud que se prefiera. Fijar bien las hojas en el botón. Trabajar de este modo dos flores de color rosa y tres de color fucsia. Finalmente, coser el último botón rosa junto con la hojita de fieltro sobre el bolsillo del vestido.

El cerdito Federico

→ Un simpático talismán de la buena suerte

TAMAÑO
36 cm aprox.

MATERIALES
- Tela de algodón rosa, 20 cm
- Tela de algodón a rayas azules y blancas, 25 cm
- Tela de algodón a rayas en rosa y blanco, 10 cm
- Fieltro gris oscuro, restos
- Granulado de plomo, 350 g aprox.
- Algodón de relleno
- 2 botones rosas, de 8 mm Ø
- 2 botones con forma de flor de color rojo, de 1,5 cm Ø
- Aguja larga
- Hilo de bordar marrón oscuro
- 2 palitos de floristería de madera de 1 cm Ø y 28 cm de largo
- Entretela con volumen H 630 termoadhesiva, restos

PLIEGO DEL PATRÓN B (ANARANJADO)

1 Cortar todas las piezas según el patrón. Cortar una pieza de la nariz de entretela con volumen sin margen de costura y plancharla encima de otra pieza de la nariz de tela de algodón rosa. Coser juntas derecho con derecho las dos piezas de la nariz dejando una pequeña abertura; dar la vuelta a la pieza y coser la abertura con punto oculto. Coser juntas derecho con derecho cada dos piezas de las orejas dejando una abertura, y dar la vuelta a las orejas. Doblar hasta la mitad el canto exterior del lado abierto de las orejas y fijarlas con unas puntadas por el interior del margen de costura. Coser juntas las dos piezas de la cabeza derecho con derecho dejando una pequeña abertura e insertar en ella las orejas (seguir las instrucciones de las págs. 60 y 61). Dar la vuelta a la cabeza y rellenarla con algodón de relleno. Cerrar la abertura con punto oculto. Fijar el morro con dos botones en la cabeza y bordar los ojos y la boca.

2 Para los pantalones, rematar el margen de costura del canto inferior del dobladillo, doblar hacia dentro según las marcas por la línea de pliegue de la tela y pespuntear con una costura doble. Después, unir derecho con derecho las piezas respectivas de los pantalones, de modo que todos los cantos queden superpuestos, y cerrar la costura interior de las perneras. Dar la vuelta a una pernera e insertarla dentro de la otra pernera, de forma que las costuras centrales casen perfectamente. Cerrar la costura central delantera y trasera de los pantalones. Luego, rematar el canto superior del dobladillo, doblar hacia dentro siguiendo las marcas a lo largo de la línea de pliegue de la tela y coser a pespunte. Rematar el margen de costura de las tiras de tela para los tirantes. Plegar hacia dentro los márgenes de costura por los dos lados y pespuntear. Coser los tirantes en los pantalones por las marcas indicadas en los patrones, de modo que puedan cruzarse por la espalda del cerdito.

3 Cerrar derecho con derecho la costura central delantera de los zapatos y coser el canto superior también derecho con derecho en el lado corto de las piezas de la pierna. Cerrar derecho con derecho las costuras de las piernas e insertar igualmente derecho con derecho las suelas de los zapatos siguiendo las marcas. Dar la vuelta con cuidado a las piernas. Rellenar los zapatos con granulado de plomo y deslizar un palo de madera a través de cada pierna hasta el zapato. Pasar los pantalones por las piernas y dejarlos que cuelguen caídos sobre los zapatos.

4 A continuación, coser a pespunte derecho con derecho las dos piezas del cuerpo dejando una abertura, y dar la vuelta al cuerpo. Rellenarlo con algodón de relleno, colocando los palitos de floristería de madera de las piernas por el interior del cuerpo (los palitos deben llegar justo por debajo de los hombros). Cerrar la abertura del cuerpo con punto oculto, incluyendo también las piernas.

5 Coser juntas derecho con derecho cada dos piezas de los brazos dejando una abertura y, a continuación, darles la vuelta. Rellenar los brazos con algodón de relleno, cerrar la abertura con punto oculto y coser los brazos al cuerpo. Para ello, fijar un hilo resistente en el canto interior de un brazo. Pinchar con una aguja larga primero por el canto exterior del brazo, y después por el brazo y el cuerpo. Pinchar la aguja a través del canto interior y exterior del otro brazo y luego atravesar la aguja de nuevo desde fuera por el brazo y el cuerpo. Tirar bien del hilo para que los hombros queden un poco más ajustados.

6 Levantar el pantalón. Cruzar los tirantes en la espalda del cerdito y fijarlos por delante con unos botones. Fijar la cabeza con punto oculto en el cuerpo siguiendo las marcas del patrón.

Guirnalda de luces con flores

→ Para una atmósfera especial

TAMAÑO
Flores, 7 cm aprox.

MATERIALES
- Tela de algodón verde, 10 cm
- Tela de algodón de color natural, 15 cm
- Tela de algodón rosa, 10 cm
- Tela de algodón fucsia, 10 cm
- Cadena transparente con 10 bombillitas
- Pegamento en caliente

PLIEGO DEL PATRÓN A (LILA CLARO)

1 Cortar todas las piezas según el patrón, prestando atención a las instrucciones de la página 60. Para cada flor se necesitan cinco pétalos. Coser juntas derecho con derecho cada dos piezas de un pétalo dejando una abertura, dar la vuelta al pétalo y plancharlo. Coser grupos de cinco pétalos sobre la cara del derecho de una tira de tela verde de la manera siguiente: colocar los tres primeros pétalos según las marcas por dentro del margen de costura, de modo que los cantos rectos queden superpuestos. A continuación, pespuntear los otros dos pétalos desplazados encima, también por dentro del margen de costura (ver patrón). Posteriormente, colocar superpuesta la segunda tira de tela verde derecho con derecho y unir a pespunte juntos el canto con los pétalos y los dos cantos más cortos de la tira. Dar la vuelta a las tiras verdes de las flores y cerrar la abertura con punto oculto. Proceder de la misma manera con todas las flores.

2 Enrollar las flores alrededor de cada luz de forma que la bombilla quede en el centro de los pétalos. Fijar las tiras de flores con algunas puntadas. Adicionalmente se pueden aplicar un par de gotas de pegamento en caliente para asegurar las bombillas.

Guirnalda de banderines

→ Revoloteando al viento

TAMAÑO
3,20 m aprox.

MATERIALES
- Tela de algodón azul con círculos blancos, 30 cm
- Tela de algodón blanca con flores de color rojo, azul y rosa, 30 cm
- Tela de algodón blanca con motas y flores de color rojo, azul y rosa, 30 cm
- Tela de algodón blanca con estampado búlgaro de color azul, 30 cm
- Tela de algodón blanca con pequeñas motas y flores azules, 30 cm
- Cinta al bies para ribetes de color rojo, 3,20 m

PLIEGO DEL PATRÓN B (LILA)

1 Cortar todas las piezas según el patrón de la manera siguiente: seis piezas azules con círculos blancos; seis piezas blancas con flores de color rojo, azul y rosa; seis piezas de color blanco con motas y flores de color rojo, azul y rosa; dos piezas con estampado búlgaro de color azul, y dos piezas blancas con pequeñas motas y flores de color azul. Coser juntas las piezas de dos en dos derecho con derecho por los dos cantos alargados, cortar el margen de costura y dar la vuelta a cada banderín por la abertura superior. Planchar bien las costuras. A continuación, pespuntear el canto superior abierto por dentro del margen de costura para impedir que las telas se deslicen.

2 Plegar en dos a lo largo la cinta para ribetes y plancharla. A continuación, insertar los banderines por el canto superior dentro de la cinta para ribetes plegada y prenderlos con unos alfileres, dejando unos 3 cm de distancia entre cada banderín. Colocar el primer banderín a unos 35 cm de un extremo de la cinta. Plegar hacia dentro el extremo de la cinta y coserla a pespunte a lo largo muy ajustada a los cantos de los banderines.

Consejo
Alargar o acortar la guirnalda de banderines a gusto personal.

El dormitorio/El cuarto de baño

No sólo el cuarto de baño puede convertirse en un oasis de bienestar, también en el dormitorio uno se relaja de maravilla. El confort entra en el cuarto de baño colocando una alfombrilla, y en invierno una ranita proporciona ese agradable calor. Y además, para sentirse rodeado de un ambiente acogedor, un par de saquitos de lavanda y un muñeco encantador.

- Muñecos para el cuarto de baño
- Alfombrilla marítima para el cuarto de baño
- Románticos saquitos de lavanda
- Ranita para la bolsa de agua caliente
- Muñeco dormilón

Muñecos para el cuarto de baño
→ Tomando un baño de espuma

TAMAÑO
42 cm aprox.

MATERIALES
- Tela de algodón de color carne claro y oscuro, 30 cm
- Tela de algodón a rayas rojas y blancas, 25 cm
- Hebras de cabello de muñecos, 6 de color rubio y 60 cm de largo, y 8 de color rojo y naranja de 8 cm de largo
- Flotador de juguete de 10 cm Ø
- 2 cintas de satén rojas, de 4 mm y 25 cm de largo
- Hilo de bordar negro
- Hilo resistente de color natural
- Bañera de zinc, de 13 cm de alto, de 26 x 19 cm
- Algodón de relleno

PLIEGO DEL PATRÓN A (ROSA)

Cuerpo

Los Muñecos para el cuarto de baño se cosen igual que la Muñeca de bienvenida que se describe en la página 6. Pero las piernas se confeccionan de la siguiente manera: coser juntas derecho con derecho cada dos piezas de las piernas dejando una abertura y después dar la vuelta a la pieza por dicha abertura. Rellenar los pies y las piernas con algodón de relleno. Contraer con punto oculto la zona de transición entre el pie y la pierna según las marcas del patrón, tirando hacia arriba del pie. Siguiendo también las marcas, coser los dedos de los pies con un hilo resistente. Apretar bien las puntadas y, por último, dar forma a los dedos.

Traje de baño

Cortar todas las piezas siguiendo el patrón. Para confeccionar el gorro, trasladar el patrón sobre la tela. Coser alrededor a lo largo de la línea con un punto tupido en zigzag, igual que en las aplicaciones. Cortar con cuidado el lado exterior de la costura. Fruncir un poco el gorro con punto de bastilla, ponérselo a la muñeca, ceñir el frunce adaptándolo al contorno de la cabeza y fijarlo bien. Para hacer el traje de baño, rematar primero el margen de costura del dobladillo de las perneras, plegarlo hacia dentro y pespuntear. A continuación, coser juntas derecho con derecho las piezas respectivas del traje de baño por la costura central delantera. Proceder del mismo modo con las vistas (o piezas de refuerzo). Colocar las vistas derecho con derecho sobre las piezas del traje de baño y coser juntos los cantos respectivos del cuello y de las sisas. Dar la vuelta a las piezas y pespuntear alrededor muy ajustado al canto. Colocar juntas derecho con derecho la pieza delantera y la trasera, y cerrar las costuras laterales y las costuras de las piernas. A continuación, dar la vuelta al traje de baño y vestírselo a la muñeca. Colocar superpuestos los márgenes de costura de los hombros y cerrar con unas puntadas las costuras con punto lanzado. Ponerle el gorro y fijarlo con un par de puntadas en la cabeza. Finalmente, cubrir de espuma al muñeco en la bañera con el algodón de relleno.

Alfombrilla marítima para el cuarto de baño

→ Con un alegre barco de vela

1 Cortar todas las piezas de la aplicación según el patrón, teniendo en cuenta las instrucciones de las páginas 58 y 59. Para confeccionar el fondo de la aplicación de tela de algodón blanca, cortar una pieza de 42 x 32 cm. Para el contorno de la alfombrilla, cortar tiras de tela de algodón blanca con pequeñas motas y flores azules (incluyendo el margen de costura): dos tiras de 60 x 11 cm y otras dos tiras de 32 x 11 cm. Ir planchando poco a poco encima de la tela blanca las piezas del barco, el pez y las olas, y aplicarlas con un hilo de costura de un color a juego. Coser derecho con derecho las dos tiras cortas del contorno por los cantos laterales de la pieza interior que tiene las aplicaciones. A continuación, colocar las dos tiras largas también derecho con derecho por la parte superior e inferior. Planchar hacia fuera el margen de costura y coserlo con un pespunte muy ceñido a los cantos.

2 A continuación, pespuntear el galón en zigzag a 1 cm aproximadamente de la costura alrededor de todo el contorno, como muestra la fotografía. Extender la pieza delantera de la alfombrilla encima de la tela de felpa para la parte trasera, de forma que los dos lados del derecho de las telas queden hacia fuera. Coser todo junto con punto en zigzag alrededor por dentro del margen de costura, para que no se deslice nada. Rematar los cantos de la alfombrilla con cinta para ribetes, abarcando primero dos cantos opuestos. En este caso los extremos de la cinta para ribetear no tienen que doblarse hacia dentro. Por último, rematar el resto de los cantos con la cinta para ribetes, teniendo cuidado, ahora sí, de que los extremos de la cinta queden doblados hacia dentro.

TAMAÑO
60 x 50 cm aprox.

PLIEGO DEL PATRÓN B (VERDE)

MATERIALES
- Tela de algodón blanca con pequeñas motas y flores azules, 25 cm
- Tela de algodón blanca, 42 cm
- Tela de felpa blanca, 50 cm
- Tela de algodón azul con círculos blancos, 10 cm
- Tela de algodón roja con motas blancas, 10 cm
- Tela de algodón blanca con motas rojas, 15 cm
- Galón en zigzag de color rojo, 1,60 m
- Cinta al bies para ribetes de color rojo con motas rosas, 2,25 m
- Hilo de bordar negro

Románticos saquitos de lavanda
→ Para llenar de buen aroma el ropero

TAMAÑO
18 cm aprox.

MATERIALES
- Tela de algodón blanca con círculos azules, 15 cm
- Tela de algodón azul con círculos blancos, 15 cm
- Tela de algodón blanca con círculos azules y rojos, 10 cm
- Tela de algodón rosa, 20 cm
- Tela de algodón roja con motas rosas, restos
- Hilo rojo de perlé mercerizado, restos
- Cinta de satén de color blanco, 4 mm, 1 m
- Imperdible
- Lavanda para relleno
- Algodón de relleno

PLIEGO DEL PATRÓN B (ROJO)

1 Cortar todas las piezas según el patrón. Para confeccionar los saquitos con la base redondeada, coser derecho con derecho dos piezas de la misma tela para el interior y el exterior del saco, dejando una abertura en el saquito interior. Dar la vuelta al saquito exterior y deslizar el saquito interior sobre el saco exterior, de modo que el canto superior y los lados del derecho de la tela queden superpuestos. A continuación, coser juntos los dos saquitos derecho con derecho por el canto superior y darles la vuelta a través de la abertura del saquito interior. Posteriormente, cerrar la abertura con punto oculto. Deslizar el saquito interior dentro del saquito exterior y rellenarlos con lavanda.

2 Coser juntas derecho con derecho cada dos piezas de los corazones dejando una abertura. Cortar el margen de costura y hacer una incisión por arriba en la hendidura del corazón, poco antes de la costura. A continuación, dar la vuelta al corazón. Hacer un nudo en un extremo de un hilo de perlé. Para colgar el corazón, enfilar el hilo de perlé desde dentro, a través de la hendidura de arriba del corazón, hacia fuera. Rellenar ligeramente el corazón con algodón de relleno y cerrar el orificio con punto oculto. Después, cerrar los saquitos de lavanda con la cinta de satén, fijando a la vez un corazón en la cinta.

3 Para confeccionar el saquito con base recta, rematar el margen de costura de los cantos cortos superiores. Coser el ojal siguiendo el patrón y cortar. Después, casar las dos piezas derecho con derecho y coserlas juntas. Para hacer el pasacintas, plegar el borde superior del saquito por la línea de pliegue hacia dentro y, siguiendo el patrón, pespuntear el pasacintas con 1 cm de ancho aproximadamente. Con ayuda de un imperdible, pasar completamente una cinta de satén desde la izquierda y la otra cinta desde la derecha a través del pasacintas. Después, dejar colgando los dos extremos de cada cinta por un lado y anudar estos extremos entre sí. Para terminar, rellenar el saquito con lavanda y cerrarlo estirando de las cintas.

Ranita para la bolsa de agua caliente

→ Con un diseño muy divertido

TAMAÑO
58 cm aprox.

MATERIALES
- Tela de algodón a cuadros blancos y amarillos, 20 cm
- Tela de algodón verde, 25 cm
- Tela de algodón a cuadros verdes y rojos, 20 cm
- 2 círculos de fieltro blanco, de 2 cm Ø
- 2 cuentas de rocalla negras, de 3 mm Ø
- 2 botones rojos con forma de corazón, de 6 mm
- 2 botones blancos con forma de corazón, de 12 mm Ø
- Algodón de relleno, restos
- Granulado, restos
- 2 cordones blancos de satén, de 60 cm cada uno
- Hilo de bordar negro

PLIEGO DEL PATRÓN B (AZUL CLARO)

1 Cortar todas las piezas siguiendo el patrón. Después, coser los ojales del pasacintas según muestra el patrón y cortar. Plegar juntas por la mitad a lo largo las tiras de tela amarilla a cuadros para hacer la corona de la rana, de tal modo que el lado del derecho quede por fuera. Coser el canto alargado abierto por dentro del margen de costura para que no se muevan las telas, y pespuntear el pasacintas siguiendo las marcas del patrón.

2 Para confeccionar las piezas delantera y trasera de la rana, coser las tiras de la corona derecho con derecho en las tiras verdes de la cabeza, y coser también después derecho con derecho las tiras de tela verde de la cabeza en las tiras a cuadros de la barriga.
A continuación, coser juntas derecho con derecho las piezas de las patas y los brazos dejando una abertura, y después dar la vuelta a las piezas. Rellenar con un poco de granulado los pies y las manos y cubrir con algodón de relleno hasta la altura del codo y la pantorrilla. Cerrar la abertura de los brazos con punto oculto. En el caso de las piernas, la abertura se cose por dentro del margen de costura. A continuación, coser juntas derecho con derecho las partes delantera y trasera de la rana, incorporando las piernas por las zonas marcadas en el patrón. Para ello, tener en cuenta las instrucciones de las páginas 60 y 61.

3 Con ayuda de un imperdible, pasar completamente un cordón desde la izquierda y el otro cordón desde la derecha a través del pasacintas. Después, dejar colgando los dos extremos de cada cinta por un lado y anudar estos extremos entre sí. Bordar la boca y coser los botones con forma de corazón. Después, fijar los círculos blancos de los ojos con una cuenta de rocalla en el centro de cada uno. Y para finalizar, unir los brazos al cuerpo con los botones de corazón de color blanco por las marcas indicadas.

Muñeco dormilón

→ Os desea unos felices sueños

TAMAÑO
42 cm aprox.

MATERIALES
- Tela de algodón de color carne, 30 cm
- Tela de algodón a rayas de color azul claro y blanco, 30 cm
- Tela de algodón blanca, 20 cm
- Tela de algodón a rayas rojas con motas blancas, restos
- Fieltro azul, restos
- Vliesofix, papel termoadhesivo de doble cara, restos
- 2 pompones blancos, de 1,5 cm Ø
- 1 cascabel metálico de color rojo, de 1,5 cm Ø
- Mini-osito de peluche, de 6 cm
- Hilos de bordar azul y negro

PLIEGO DEL PATRÓN B (AZUL OSCURO)

Cuerpo

Coser el Muñeco dormilón del mismo modo que se describe para la Muñeca de bienvenida de la página 6.

Vestido

1 Cortar todas las piezas según el patrón. Para realizar la aplicación del corazón, seguir las instrucciones de las páginas 58 y 59. Aplicar el corazón en la parte delantera del camisón del muñeco según muestra el patrón. Confeccionar el camisón cosiendo derecho con derecho las dos piezas traseras por los hombros sobre la pieza delantera. A continuación, realizar el cuello cosiendo las dos piezas respectivas derecho con derecho. Dejar abierta la prolongación del escote y dar la vuelta a las dos piezas del cuello por dicha abertura. Después, coser derecho con derecho el cuello en el canto del escote, de modo que las dos piezas del cuello se unan en el medio de la pieza delantera del camisón. Plegar el margen de costura y coser a pespunte muy ajustado al canto por debajo del cuello.

2 Adaptar las mangas derecho con derecho dentro de las sisas. Rematar los cantos inferiores de las mangas, doblar hacia dentro el margen de costura y coserlo. Después, cerrar las costuras de las mangas y las costuras laterales. Rematar el dobladillo del canto inferior del camisón, doblar el margen de costura hacia dentro y pespuntear también. Vestir al muñeco con el camisón, doblar hacia dentro el margen de costura central de la parte trasera y cerrar la costura central con punto oculto. Para confeccionar el gorro, rematar primero el canto del dobladillo inferior, plegar hacia dentro el margen de costura y pespuntear. A continuación, plegar la pieza del gorro a lo largo por la línea de pliegue de la tela, de tal manera que el lado del derecho quede por el interior. Cerrar la costura del gorro y dar la vuelta al mismo. Coser el cascabel y, por último, fijar el gorro con unas puntadas en la cabeza del Muñeco dormilón.

3 Para confeccionar las zapatillas de estar en casa, coser en la pieza superior el pliegue de la zapatilla. Para ello, colocar la pieza derecho con derecho, de modo que las dos costuras de los pliegues queden superpuestas. Coser la pieza de la zapatilla en la suela con punto de sobrehilado e hilo de bordar, siguiendo las marcas del patrón. Fijar los dos pompones en el centro de la parte superior de cada zapatilla. Para terminar, fijar el osito en la mano del muñeco.

Técnicas

Trasladar y confeccionar patrones

Trasladar todas las piezas de los patrones sobre papel de seda o papel transparente y cortarlos. Prenderlos con alfileres sobre la pieza trasera de la tela (lado del revés), con cuidado de cortar siempre al hilo (= dirección del tejido; marcado en los patrones con una flecha). Cortar todas las piezas con un margen de costura de 1 cm, si no se indica otra cosa. Tener cuidado con las piezas que no son simétricas y deben cortarse dos veces, como las mangas, las perneras, el delantero o el revés (si se componen de dos piezas), para que se corten siempre en sentido contrario, es decir, invertidas como en un espejo. En las piezas en las que se marca línea de pliegue del tejido, proceder de la siguiente manera: plegar la tela derecho con derecho, de modo que la línea de pliegue vaya en la dirección del hilo (= dirección del tejido). Colocar la pieza del patrón con el canto de pliegue del tejido marcado sobre el canto de corte real de la tela. Cortar con margen de costura, tal como se describió antes.

Rematar cantos con cinta al bies para ribetes

Para coser una cinta plegada al bies, casar superpuestos los cantos de las piezas que se han de rematar juntas. Pespuntear a una anchura de 0,5 cm para que no se pueda deslizar nada. Colocar un lado de la cinta para ribetes sobre el lado del derecho del modelo en el que quedan los cantos ya rematados y pespuntear por el canto planchado.

Doblar la cinta para ribetes sobre los cantos rematados y coserla a máquina o a mano sobre la pieza trasera del modelo. Antes de coser la cinta para ribetes, tener cuidado, en las esquinas o extremos visibles, de doblar hacia dentro sus extremos por el lado del revés del modelo.

Aplicaciones textiles

Planchar la entretela y trasladar el motivo

Con las aplicaciones textiles con Vliesofix, papel termoadhesivo de doble cara, se evita que las piezas fijadas se muevan. De este modo no se forma ninguna arruga al coser. Se ha de colocar el Vliesofix con la cara del papel hacia arriba sobre el lado trasero de la tela y plancharlo encima. En las telas que no están compuestas de algodón 100% (borreguillo, etc.) es aconsejable colocar un paño fino entre la plancha y la tela/Vliesofix, para que los tejidos no se queden adheridos a la plancha. Trasladar el patrón de las piezas aplicadas sobre el papel de Vliesofix. Tener cuidado de dibujar las piezas de los patrones en sentido inverso, como en un espejo. Si no se indica lo contrario, cortar las piezas sin margen de costura.

MATERIALES BÁSICOS

Para la mayoría de los modelos de este libro se necesitan los siguientes materiales auxiliares y herramientas. Estos materiales no se incluyen en las listas específicas.

- Papel de seda o transparente
- Aguja de coser
- Hilo de coser que combine
- Tijeras para tela
- Alfileres
- Jaboncillo de sastre
- Lápiz
- Máquina de coser

Fruncir la tela y coser volantes

Planchar el motivo y aplicarlo

Retirar el papel de la tela y colocar la pieza que se va a aplicar con el lado de tela hacia arriba sobre la zona marcada o indicada, y planchar por encima. Si fuera necesario, colocar un paño entre la tela y la plancha.

Pasar un hilván a 1 cm del borde (a mano con una aguja), dando puntadas de unos 0,5 cm de ancho y a una misma distancia unas de otras. Fruncir la tela al ancho deseado y asegurar con nudos o una doble puntada el comienzo y el final del hilo. Colocar el volante derecho con derecho sobre la pieza respectiva y prenderlo con alfileres, teniendo cuidado de que los pliegues queden distribuidos uniformemente. Coser sobre el hilván o muy ceñido a éste. A continuación, retirar el hilo de hilván si queda visible en la parte delantera del modelo. El fruncido de tiras de tela para volantes se puede realizar también con la máquina de coser. Se afloja la tensión de los hilos superior e inferior de la máquina, se hace la costura, y seguidamente se frunce al estirar del hilo inferior.

Coser el motivo con un tupido punto en zigzag (longitud de la puntada 0,5-1 mm, ancho de la puntada 2-3 mm) a lo largo del contorno sobre la tela de debajo.

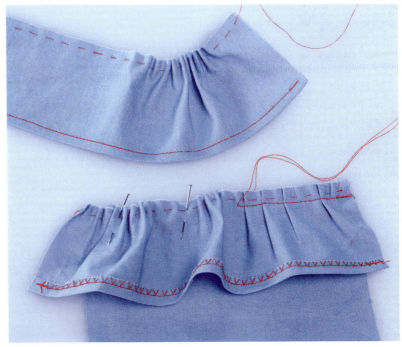

Técnicas

Pespuntear costuras

Al rematar una costura en la parte delantera (lado del derecho) de un modelo, éste se realza, fijando a la vez el margen de costura del lado interior (lado del revés). En este caso la costura, si no se indica otra cosa, se corta antes dejándola aprox. con 0,5 cm; a continuación se remata con punto en zigzag, se dobla hacia arriba y se pespuntea por el lado del derecho casi al ras del canto (unos 0,5 cm de ancho).

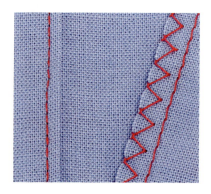

Punto oculto

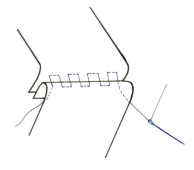

Dobladillo sencillo

Se remata el canto con punto en zigzag, se pliega una vez hacia dentro por el ancho del dobladillo y se pespuntea.

Dobladillo doble

Los cantos abiertos pueden rematarse con un dobladillo doble. Se pliegan hacia dentro dos veces seguidas al mismo ancho, por ejemplo 2 cm, y se pespuntea al ras del canto por el lado interior.

Coser las piezas del cuerpo y rellenar

Las piezas del cuerpo que se utilizarán más tarde, como por ejemplo brazos, piernas, cabeza, orejas, etc., se cosen juntas montadas derecho con derecho. Es decir, los lados delanteros (lados del derecho) de las dos piezas quedan superpuestos hacia dentro y los lados traseros (lados del revés) quedan por fuera. Para evitar que nada se mueva al coser, se fijan las piezas de tela prendiéndolas con alfileres. A continuación se pespuntean juntas las piezas del cuerpo siguiendo las instrucciones y las marcas del patrón. Cortar y coser piezas del cuerpo muy pequeñas, como orejas o patas, puede ser más sencillo con la técnica siguiente: trasladar el contorno de una pieza sobre un trozo de tela, colocar debajo otro trozo de tela del mismo tamaño derecho con derecho, prender juntas las dos telas con alfileres y después coser el contorno, dejando una abertura. Cortar a 5 mm el margen de costura de todas las piezas del cuerpo pespunteadas juntas, rematar con punto en zigzag y dar la vuelta a las piezas.

Después de rellenar los brazos y las patas con granulado o relleno de algodón, cerrar con una costura en el centro del margen de costura para que el material de relleno no se salga. En caso de que el cuerpo se rellene con granulado, se recomienda colocar al final una capa de algodón de relleno sobre el granulado. De este modo se facilita el cierre de esta pieza con punto oculto y el granulado no se sale.

Al coser brazos, patas, orejas, etc., es recomendable fijar éstas con una costura para que no se muevan al montar las piezas delantera y la trasera. Para ello, colocar las respectivas piezas vueltas, y eventualmente rellenas, sobre el lado del derecho de las piezas del cuerpo indicadas, de manera que los márgenes de costura de ambas piezas casen. Los brazos, patas, orejas, etc., señalan hacia dentro. Pespuntear en el medio del margen de costura las piezas sobre la base.

Consejos y trucos

▶ Todas las piezas utilizadas tienen un ancho de 150 cm, si no se indica otra cosa.

▶ Elegir hilos de costura con colores que combinen. A veces un color de contraste es un bonito realce.

▶ Aplicar pegamento antiflecos en los bordes de piezas pequeñas una vez cortadas, por ejemplo en las narices, y dejar secar bien. Después, continuar trabajando.

▶ Antes de dar la vuelta a piezas ya cosidas, se recortan los márgenes de costura a unos 5 mm. En las esquinas o zonas redondeadas, después de cortar el margen de costura se realiza un pequeño corte hasta casi el ras de la costura. Esto evita que las esquinas y zonas redondeadas queden torcidas al dar la vuelta a la pieza, y de este modo la pieza adquiere mejor forma. Rematar los márgenes de costura recortados con punto en zigzag.

▶ Es aconsejable prender antes con alfileres dos piezas que se desea coser juntas, para que no se muevan. Cuanto más curvados sean los cantos, más juntos se han de prender los alfileres.

▶ Antes de pespuntear las costuras, doblar y planchar el margen de costura. Así se consigue un canto de pliegue uniforme que facilita el pespunteado.

▶ En motivos en los que se cosen juntas las dos piezas (con o sin entretela con volumen), planchar bien las costuras, tras dar la vuelta a las piezas, para darles forma.

▶ La cantidad de material de relleno necesario puede variar, dependiendo de lo compactas o blandas que deseemos rellenar las figuras.

Puntos de costura

PUNTO DE BASTILLA

Coser de derecha a izquierda. Pinchar la aguja al inicio de la línea de costura atravesando la tela desde abajo hacia arriba, *continuar realizando sobre la línea una puntada de unos 3 mm, y atravesar con la aguja la tela hacia abajo. Continuar unos 2-3 mm por el revés de la tela y volver a pasar la aguja hacia arriba por la línea de costura. Repetir a partir de *, hasta que toda la línea esté cosida.

PUNTO DE REALCE PLANO

Pinchar la aguja desde el revés hacia la superficie de la tela sobre la línea de costura o al ras por fuera de la misma, enfilando luego el hilo hacia el revés de la tela por encima del área a rellenar y por la línea de costura o al ras por fuera de ésta. Dar puntadas uniformes muy tupidas unas junto a otras.

PUNTO LANZADO

Los puntos lanzados se bordan a través de una línea de costura o de dos puntos marcados. Pinchar la aguja desde el revés de la tela a través del 1.er punto o del comienzo de la línea marcada, y volver a pinchar la aguja hacia abajo en el 2.º punto o al final de la línea. Tensar siempre bien el hilo.

PUNTO DE TALLO

Coser de izquierda a derecha. Pinchar la aguja desde el revés hacia la superficie de la tela a través del comienzo de la línea de costura, * continuar dando una puntada con la longitud respectiva (unos 6-8 mm), meter la aguja hacia el revés de la tela pinchando junto a la línea de costura por la derecha, y después sacarla en la mitad de la longitud de la puntada por el derecho de la tela, por la izquierda de la línea de costura. Repetir a partir de *, hasta finalizar el bordado. Todos los puntos deben tener la misma longitud y comenzar a la altura de la mitad del punto anterior.

PUNTO DE MARGARITA

Los puntos de margarita son puntos independientes de cadeneta, que suelen usarse para el bordado de pequeñas flores. Pasar la aguja por el centro de la flor desde el revés hacia la superficie de la tela, y volver a pinchar hacia abajo metiendo la aguja muy pegada al orificio por el que la sacamos antes. Salir hacia la superficie dando puntadas de una determinada longitud y estirar del hilo formando una lazada como en el punto de cadeneta. Enfilar el hilo sobre la lazada, pinchar la aguja hacia abajo y tensar bien el hilo.

PUNTO DE NUDO

Sacar la aguja por la zona en la que ha de quedar el nudo. Enrollar el hilo dos o tres veces alrededor de la aguja y pinchar con ésta hacia el revés de la tela, muy pegada a la zona por donde antes se sacó la aguja hacia la superficie. Ajustar las vueltas de hilo enrollado de modo uniforme alrededor de la aguja, de forma que quede sobre la tela en el punto por donde se pinchó la aguja hacia el revés. Después, pasar el hilo a través de las vueltas de hilo enrollado y estirar con cuidado para formar el punto de nudo.

PUNTO DE FESTÓN

Este punto sirve para rematar y adornar los cantos de la tela. Pinchar la aguja a través de la tela a unos 5 mm de distancia del canto, pasando siempre la aguja por encima de la presilla que se forma con la hebra.

Sumario de las telas utilizadas

Para todos los proyectos se han utilizado las siguientes telas de la firma Westfalenstoffe AG verwendet:

Pág. 7, Muñeca de bienvenida	Tela tejida Uni de color beige, tela estampada princesa kbA con motas rosas y blancas, tela estampada Uni de color blanco.
Pág. 9, Cesto para las mantas	Tela estampada Barcelona con flores blancas y azules, y tela Barcelona con círculos azules y blancos.
Pág. 11, Zapatillas de estar en casa	Tela estampada Uni de color blanco, tela estampada Barcelona con flores blancas y rosas, y blancas y rojas.
Pág. 13, Jirafa para macetas	Tela estampada Uni de color amarillo y natural.
Pág. 17, Bolso con aplicaciones de flores	Tela tejida Landhausstil a cuadros de color rosa y blanco, tela tejida Cardiff a rayas de color verde y blanco, tela estampada Uni de color blanco.
Pág. 19, Mantel con corazones	Tela tejida Burgund con rayas multicolores, tela tejida Landhausstil de color rojo y beige, tela estampada Princesa con motas blancas y rojas, tela tejida Ámsterdam a cuadros de color rosa y blanco.
Pág. 21, Gallinas decorativas	Tela tejida Landhausstil a rayas de color amarillo y blanco, tela estampada Uni de color blanco, tela tejida Uni de color naranja y amarillo.
Pág. 23, La vaquita Elsa	Tela estampada Uni de color blanco, tela Cotton Classics "Black and White" jaspeada de color negro, tela tejida Landhausstil de color rosa, tela tejida Cornwall a cuadros multicolores, tela de felpa de peluche kbA de color natural.
Pág. 25, El cocinero Gustavo	Tela Cotton Classics "Black and White" jaspeada de color negro y a rayas blancas y negras, tela estampada Uni de color blanco, tela tejida Uni de color beige.
Pág. 27, Ribete para la estantería	Tela tejida Ámsterdam a cuadros de color rosa y blanco, tela tejida Uni de color natural, tela estampada Mini-Flowers de color blanco con florecitas, tela tejida Landhausstil de color rosa.
Pág. 31, Cómodo cojín para sentarse	Tela estampada Princesa kbA de color azul y blanco, tela de felpa de borreguillo kbA de color natural, tela tejida Landhausstil de color rosa, tela estampada Uni de color beige, tela estampada Mini-Flowers de color blanco con florecitas.
Pág. 33, Manta de patchwork	Tela estampada Princesa con motas de color blanco y rojo, y con rosas de color blanco y de colores, tela tejida Landhausstil de color rosa, tela tejida Burgund con rayas multicolores, tela tejida Ámsterdam a cuadros de color blanco y verde, y a rayas de color verde y verde y rosa, tela estampada Princesa kbA a cuadros de color rosa y blanco, tela estampada Rosenborg con motas marrones y multicolores, tela de felpa de peluche kbA de color natural.
Pág. 35, Cojín para el sofá	Tela tejida Ámsterdam de color verde, tela tejida Cambridge a rayas y cuadros de color azul y blanco, tela tejida Uni de color natural, tela tejida Landhausstil a cuadros de color blanco y amarillo, tela tejida Uni de color amarillo.
Pág. 37, Una veloz mariposa	Tela tejida Landhausstil de color rosa, tela tejida Uni de color natural, tela estampada Mini-Flowers de color blanco con florecitas multicolores.
Pág. 39, La florista Melisa	Tela tejida Uni de color natural y beige, tela tejida Ámsterdam a rayas de color blanco y verde y de color verde.
Pág. 41, El cerdito Federico	Tela tejida Landhausstil de color rosa, tela Oslo a rayas de color blanco y azul, tela tejida Ámsterdam a rayas de color blanco y rosa.
Pág. 43, Guirnalda de luces con flores	Tela tejida Landhausstil de color rosa, tela tejida Uni de color natural y verde.
Pág. 45, Guirnalda de banderines	Tela estampada Barcelona con flores multicolores, de color blanco y multicolor, de color blanco y azul, y con círculos de color azul y blanco.
Pág. 49, Muñecos para el cuarto de baño	Tela estampada Princesa kbA a rayas de color rojo y blanco, tela tejida Uni de color beige, tela tejida Pompadour Cortina de color beige.
Pág. 51, Alfombrilla marítima para el cuarto de baño	Tela estampada Barcelona con flores de color blanco y azul, y con círculos de color azul y blanco, tela estampada Princesa con motas de color rojo y blanco, tela estampada Uni de color blanco, tela de felpa de color natural.
Pág. 53, Románticos saquitos de lavanda	Tela estampada Barcelona con flores multicolores y de color blanco y azul, y con círculos de color azul y blanco, tela estampada Landhausstil de color rosa, tela estampada Junge Linie con motas de color rojo y rosa.
Pág. 55, Ranita para la bolsa de agua caliente	Tela tejida Ámsterdam de color verde, tela tejida Cornwall con cuadros multicolores, tela tejida Landhausstil a cuadros de color blanco y amarillo.
Pág. 57, Muñeco dormilón	Tela tejida Cambridge a rayas de color azul y blanco, tela tejida Uni de color natural y beige, tela estampada Junge Linie con puntos irregulares de color rojo y blanco.

www.westfalenstoffe.de

Las autoras

Todo comenzó en 1996. Heike Roland y Stefanie Thomas se conocieron a través de una afición común: la confección de osos, en la feria de arte de ositos de peluche. A partir de entonces realizaron juntas muchos viajes, con sus familias y los divertidos osos, a ferias de exposiciones por Alemania, Austria, Inglaterra y EE.UU. La "fiebre por los osos" se apagó un día, pero a cambio surgieron un montón de ideas nuevas. Desde entonces han charlado, perforado, pintado, recortado, pegado, fieltrado y cosido mucho. En esta misma editorial han publicado el best seller *Muñecos y adornos de tela*.

Editora: Eva Domingo

No está permitida la reproducción total o parcial de este libro, ni tampoco su tratamiento informático, ni la transcripción de ninguna forma o por cualquier medio, ya sea electrónico, mecánico, por fotocopia, por registro u otros métodos, sin el permiso previo y por escrito de los titulares del *Copyright*.

Publicado por primera vez en Alemania por Frech-Verlag GmbH, bajo el título: *Dekoträume. Liebevoll Genähtes für die ganze Wohnung* de Heike Roland y Stefanie Thomas.

© 2009 *by* frechverlag GmbH, Stuttgart, Alemania, Topp 6593
© 2010 de la versión española
   by Editorial El Drac, S.L.
   Marqués de Urquijo, 34. 28008 Madrid
   Tel.: 91 559 98 32. Fax: 91 541 02 35
   E-mail: info@editorialeldrac.com
   www.editorialeldrac.com

Fotografías: frechverlag GmbH, 70499 Stuttgart
Diseño de cubierta: José María Alcoceba
Traducción: Cristina Rodríguez

ISBN: 978-84-9874-106-3
Depósito legal: M-6046-2010
Impreso en Gráficas Muriel
Impreso en España – *Printed in Spain*

A pesar de que las autoras y los editores han puesto todos los medios a su alcance para que la información que contiene este libro sea la correcta, no garantizan los resultados ni se hacen responsables de cualquier consecuencia que pudiera producirse por el uso de la información contenida en este libro, al no controlar la elección de los materiales ni los procesos de realización.